굿모닝 사회탐구 – 생활문화 영역

서로서로 돕고 살아요

글 김영애 | 그림 이민영

우리 조상들은 오래전부터 자연의 힘과 하늘을 두려워했어요.
그래서 농사를 지으며 마을을 이루고 살면서부터 오래된 나무나
바위, 장승, 솟대, 당집 등이 재앙을 막아 주고 마을에 복을
가져다준다고 믿었지요.

사람들은 마을 어귀나 길가에 장승을 세워 두었어요.
장승이 마을로 들어오는 나쁜 기운이나 재앙을 쫓아내
준다고 믿었지요.
장승은 주로 나무로 만들지만 지역에 따라 돌로 만들어지기도
했어요. 제주도의 돌하르방이 대표적이지요.
장승은 마을의 수호신* 역할뿐 아니라 마을과 마을의 경계를
나타내는 이정표* 역할을 하기도 했지요.

*수호신 : 국가나 민족, 개인 등을 지키고 보호해 주는 신.
*이정표 : 주로 도로상에서 어느 곳까지의 거리 및 방향을 알려 주는 표지.

지식 플러스

제주도의 상징, 돌하르방

돌하르방

돌하르방은 '돌 할아버지'의 제주도 말로,
원래는 '우석목', '벅수머리'라고 불렸답니다.
제주도 사람들은 돌하르방이 제주도의 안녕과
질서를 수호해 준다고 믿어요.
이러한 돌하르방은 1971년에 지방 민속자료
제2호로 지정되었지요.

솟대는 마을 어귀에 세운 장대로, 장대 끝에 나무나
돌로 만든 새를 붙였어요.
솟대는 솟대 위의 새와 장대로 구분되었는데,
솟대 위의 새는 지역에 따라 달랐지만
대부분 오리를 만들어 붙였지요.
사람들은 오리가 풍요를 가져오고, 지하 세계와
지상 세계를 두루 다닐 수 있는 새라고 생각했어요.
장대는 하늘과 땅을 이어 주는 기둥으로, 이 기둥을 통해
신이 인간 세상으로 내려온다고 믿었지요.

지식 플러스

솟대에는 왜 물새를 붙였을까요?

'소줏대', '솔대'라고도 불리는 솟대는 삼한 시대 때 신을 모시던 장소인 '소도'에서 유래되었다고 해요. 그런데 왜 솟대에 오리나 기러기 같은 물새를 붙였을까요? 물새는 하늘과 땅, 물가 등 활동 영역이 넓어요. 또한, 사람들은 물새가 농사일에 꼭 필요한 비를 불러 온다고 믿었지요.

솟대

농사일을 하는 사람들은 자연의 영향을 더 크게 받았어요.
그래서 마을 사람들은 풍년*을 기원하는 마음으로 제사를 지냈지요.
마을 제사는 마을의 수호신들에게 바치는 의식인 동시에
온 마을 사람들이 모여 즐겁게 노는 마을 잔치였어요.
마을 사람들은 함께 제사를 준비하면서 중요한 마을 일과
농사일에 대해 의논하기도 했지요.

*풍년 : 곡식이 잘 자라고 잘 여물어 평년보다 수확이 많은 해.

마을 제사에는 여러 가지가 있어요.
동신제는 마을을 지켜 주는 동신에게 공동으로 지내는 제사를 말해요.
대부분 마을 어귀에 있는 제단*이나 별도로 마련된 사당*에서
제사를 지내고 제사가 끝나면 굿*을 했지요.
산을 지키고 다스리는 산신에게 산신제를 지내기도 했고,
어촌에서는 풍어제를 지내며 고기가 많이 잡히고,
바다에서 사고가 생기지 않기를 기원했지요.
기우제는 마을이나 나라에서 가뭄*이 계속되어 농사짓기가
어려울 때 비를 내려 달라고 지내는 제사였어요.

*제단 : 제사를 지내는 단.
*사당 : 조상의 신주를 모셔 놓은 집.
*굿 : 무당이 음식을 차려 놓고 노래를 하고 춤을 추며 신에게 인간의 길흉화복을 조절하여 달라고 비는 의식.
*가뭄 : 오랫동안 계속하여 비가 내리지 않아 메마른 날씨.

또, 집집마다 집을 지켜 주는 신들이 있다고 믿었어요. 그중에서도 집을 다스리는 성주대감은 집안의 평안과 부귀를 돌본다고 생각했지요.

'부뚜막신'이라고도 하는 조왕은 부엌에 살면서 집안에서 일어나는 모든 일을 옥황상제께 알리는 일을 맡고 있다고 여겼어요.

이 외에도 집터를 지키는 터주,
아기를 점지*하고 산모와 아기를 돌본다는
삼신 등의 신령을 믿으며 중요시했지요.

*점지 : 신이 사람에게 자식을 갖게 하여 줌.

지식 플러스

성주 단지

예로부터 우리 조상들은 집안 곳곳에 그 장소를 다스리는 신이 있다고 믿었어요. 특히 신이 있다고 생각되는 곳인 대청에는 성주 단지를 놓고 성주를 모셨지요. 성주 단지는 작은 단지에 쌀을 가득 채워 흰 종이로 덮은 다음 무명실로 묶어 한구석에 올려놓은 것이에요. 단지의 쌀은 매년 10월 상달에 햅쌀로 새로 채웠고, 사람이 먹기 전에 먼저 신들에게 바침으로써 집안의 안녕과 건강을 빌었지요.

성주 단지

우리 조상들은 큰일이든 작은 일이든 이웃의 일에
관심을 가졌어요. 그래서 기쁜 일이 생기면 함께
기뻐해 주고, 슬프거나 어려운 일이 생기면
제 일처럼 돕고 살았지요.
이러한 까닭에 마을 사람들은 한 가족처럼
지낼 수 있었답니다.

또한, 바쁜 농사철에도 서로 도우며 일을 했어요.
마을마다 두레를 만들어 내 집 네 집 구별 없이 힘을 모아
농사일을 공동으로 해냈지요.
두레를 통해 농사일을 하는 데 부족한 일손을 구할 수 있었고,
힘든 농사일도 즐겁게 할 수 있었지요.
그래서 모내기를 하거나 김을 맬 때, 두레가 큰 도움이 되었어요.

지식 플러스

들돌 들기 시험을 봐요

두레는 농민들의 순수 자치 조직으로, 보통 한 마을에 10~50여 명 정도의 회원으로 되어 있어요.
두레의 회원이 되기 위해서는 '들돌 들기'라는 시험을 통과해야 했대요.
들돌은 보통 사람들이 들기에는 조금 무거운 돌이에요.
이 돌을 들어 올리는 데 성공해야만 두레의 회원이 될 수 있었답니다.
왜 이러한 시험을 보았냐고요? 농사일은 무척 힘이 들어요. 그래서 들돌 들기를 통해 힘든 농사일을 해낼 수 있는지를 알아보았답니다.

농자천하지대본

'농사를 짓는 것이 천하의 사람들이 살아가는 데 꼭 필요한 근본'이라는 뜻이에요. 농사를 장려하는 말로, 농악대가 이 글자가 쓰인 기를 앞세우고 나와 두레가 곧 시작됨을 알렸어요.

두레는 일을 시작하기 전에 농악대를 만들어 마을을 돌며 돈과 곡식을 거두었어요.
거둔 돈과 곡식은 일한 양에 따라 나누고, 일부는 모아 두었다가 마을 공동의 일에 사용했지요.
두레가 시작되면 논두렁에 두레기*를 세우고 농악에 맞추어 흥겹게 일을 했어요.
이때 농악은 일꾼들의 피로를 덜어 주고 서로 일손을 맞춰 일할 수 있게 도와주었지요.

*두레기 : 두렛일을 할 때 농악을 울리면서 세우고 가는 농기.

지식 플러스

우리 고유의 음악, 농악

농악

농악은 우리 민족의 대표적인 민속놀이 가운데 하나로, 징·꽹과리·장구·소고·북·태평소 등을 이용하여 음악을 연주하고 재주를 선보이는 놀이예요.
농악은 '풍물놀이'라고도 불린답니다.

우리 조상들은 힘들고 고된 농사일을 할 때,
노래를 불렀는데, 이를 '노동요'라고 해요.
왜 노래를 부르면서 일을 했냐고요?
노동요를 부르면, 고단함을 잊을 수 있을 뿐 아니라
즐거운 마음으로 일할 수 있었지요.
어부들도 노를 젓거나 고기를 잡을 때, 노동요를 불렀답니다.

지식 플러스

노동요는 언제부터 불렸을까요?

노동요는 즐거운 마음으로 일하면서도 일의 능률을 높이기 위해 불렀답니다. 노동요가 언제부터 불리게 되었는지 확실치 않지만, 학자들은 농경 사회 초기부터 불렸던 것으로 추측하고 있어요.

두레와 비슷한 품앗이도 있었어요.
품앗이는 주로 집안의 잔치나 행사 등에
서로 도움을 주고받는 것을 말해요.
품앗이를 통해 이웃 간의 정을 나누며
마을 전체의 결속력을 높였지요.

두레가 농번기*에 이루어진 데 비해
품앗이는 시기와 계절을 가리지 않고
이루어졌어요.
또 두레가 농사일에 한정되었다면
품앗이는 일손을 필요로 하는 모든 일에
해당이 되었지요.

*농번기 : 농사일이 매우 바쁜 시기.

이 외에도 마을 사람들끼리 경제적으로 서로
돕기 위해 계를 만들기도 했어요.
두레와 품앗이가 서로 일을 돕는 조직인 것과 달리
계는 경제적인 도움을 주고받는 조직이었지요.
계를 하는 회원들은 정기적으로 모여 친목*을 다지며,
약속한 돈을 조금씩 나눠 냈어요.

*친목 : 서로 친하여 화목함.

지식 플러스

대가를 바라지 않아요

울력은 일손이 모자라 제때에 일을 끝낼 수 없는 집을 찾아 마을 사람들이 힘을 합쳐 도움을 주는 협동 방식이에요.
예를 들면, 집안에 결혼이나 장례 등의 길흉사가 있다거나 노약자가 사는 집 등을 찾아가 도움을 주었어요.
두레와 품앗이가 대가성이 있는 노동 교환 방식인데 반해, 울력은 어떤 대가도 바라지 않는다는 점이 달라요.

우리 조상들의 서로 돕는 생활 풍습은 오늘날에도 찾아볼 수 있어요.
여러 가지 계를 통해 서로 경제적 어려움을 해결하고 있지요.
또 집안에 결혼이나 장례와 같이 경조사*가 있을 때 제 일처럼 앞장서서
돕기도 하고, 먹을거리가 생기면 이웃과 나눠 먹지요.

***경조사** : 경사스러운 일과 불행한 일.

최근 시민운동 단체에서는 두레와 품앗이의 전통을 잇는 새로운 시민운동을 벌이고 있어요.
자신의 직업이나 취미 생활을 통해 도움을 제공하고, 자신이 필요로 하는 도움을 부탁하기도 하지요.
물품 대여, 재활용품 교환, 어학 강습 및 번역, 법률 서비스,

환자의 간호 등 다양한 분야에서 도움을 주고받을 수 있어요.
이렇게 조상들의 아름다운 미풍양속*이 현대에 알맞게 바뀌어
그 전통을 이어 가는 것은 정말 다행스럽고 기쁜 일이랍니다.

*미풍양속 : 아름답고 좋은 풍속이나 기풍.

1교시 방과 후 수업

마을 제사란?

마을 제사는 마을을 지켜 주는 수호신들에게 지내는 의례예요.
마을 제사를 통해 마을의 안녕(아무 탈 없이 평안함)과 풍년을 기원했지요.
또 함께 제사를 지내며 협동하는 마음을 길렀고, 마을의 중요한 일을 의논하는 자리로 삼았어요.
제사가 끝난 뒤에는 모두가 한마음이 되어 잔치를 즐기기도 했지요.

동제

마을 제사를 왜 지냈을까요?

풍년과 풍어의 기원
농촌에서는 한 해의 농사가 잘 되어서 풍년이 들기를 기원했고, 어촌에서는 물고기가 많이 잡히고 바다에서 사고가 나지 않기를 기원했지요.

질병과 악귀의 퇴치
의술이 발달하지 않았던 옛날에는 마을 제사를 통해 질병이나 재앙을 막아 달라고 빌었어요.

마을의 평안
우리 조상들은 마을 제사를 통해 마을의 안녕과 번영을 빌었어요.

비가 내리길 기원
가뭄으로 농사를 지을 수 없을 때 하늘에 제사를 지내 비가 내리기를 기원했어요.

마을 제사는 언제부터 시작되었을까?

고대 부족 국가 시대의 제천 의식(하늘을 숭배하고 제사를 지내는 종교 의식)에서 비롯된 전통이에요. 고구려의 '동맹', 부여의 '영고', 고려의 '팔관회' 등에서 시작되어 발전하였지요.

▶ 강화도 마니산 참성단
단군이 한해의 처음을 알리는 '제천제'를 지냈다고 전해지는 제단의 이름으로, 매년 개천절이 되면 옛 모습 그대로 재현된 의식이 거행된답니다.

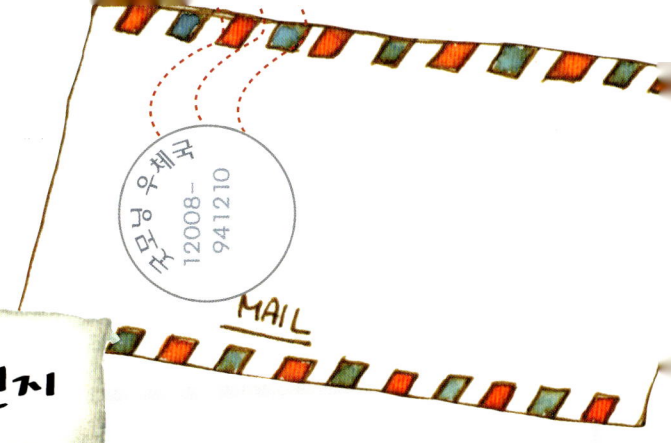

서울에서 온 편지

서울 구경 시켜 줄게.

민구야, 안녕?
그동안 잘 지냈니?
너와 헤어진 게 엊그제 같은데 벌써 개학해서 학교생활에 익숙해져 가고 있어.
내가 이렇게 편지를 쓴 것은 네 안부가 궁금하기도 하고 또 네게 부탁할 일이 좀 있어서야.
내 부탁 들어줄 거지?
오늘 선생님께서 '조상들의 정겨운 풍습'에 대해 알아 오라고 하셨는데, 문득 네가
떠오르는 거야. 이번에 네가 나를 도와준다면, 나도 네게 보답할게.
네가 서울로 놀러 오면 서울 구경을 제대로 시켜 줄게.
서울은 농촌과 다르게 신기한 것투성이거든. 그리고 구경할 데도 많고.
갑자기 너와 이곳저곳 구경 다닐 생각을 하니까, 방학 때 그곳에서 보냈던 너와의
추억이 떠오르는구나.
마을 어귀를 지나며 길가에 세워져 있던 장승을 본 나는 마음속으로 저런 것을
왜 세워 두었을까 하고 궁금해했어.
그런데 그때 네가 장승이 나쁜 재앙으로부터 마을을 지켜 주는 역할을 한다고 알려 주었지.
장승과 마찬가지로 마을의 수호신 역할을 하는 솟대도 보여 주었고.
또, 마을 뒷동산에 올라 마을 제사를 위해 분주하게 움직이는 사람들도 보여 주었지.
그때 정말로 즐거웠는데…….
보고 싶다, 친구야. 그럼 답장 기다릴게. 잘 있어.

마을 제사에는 어떤 것들이 있을까?

동제

'동신제'라고도 불리는 동제는 마을을 지켜 주는 동신에게 지내는 제사예요. 마을 사람들은 대개 정월 대보름날 서낭당과 산신당, 당산 등에서 동제를 지내며 무병장수와 풍년을 빌었지요.

산신제

산신이란 산을 지키는 신이에요. 이 산신에게 지내는 제사를 '산제' 또는 '산신제'라고 해요.

탑신제

보통 '탑제'라고 하며, 마을 입구에 돌탑이나 돌무더기를 쌓아 놓고 악귀와 질병으로부터 마을을 지키기 위해 지내는 마을 제사예요.

풍어제

어촌에서 지내는 마을 제사로, 고기잡이가 잘 되고 마을이 평안하기를, 또 바다에서 사고가 일어나지 않기를 빌었어요.

▲ 어촌의 풍어제

기우제

가뭄이 오래도록 계속될 때 나라와 민간에서 비 오기를 기원하며 지내는 제사예요.

은산 별신굿에 대해 알아보아요

별신굿은 동해안 일부와 충청남도 은산에서 3년마다 한 번씩 행해지는 마을 제사예요. 이러한 마을 제사를 지내게 된 것은 옛날, 은산 지방에 전염병이 한창이었던 어느 날, 한 노인의 꿈에 백제의 장군이 나타났더래요.
"나는 적군의 칼날을 맞고 죽임을 당한 백제의 장군이다. 이 세상을 떠난 뒤에도 돌봐 주는 사람이 없어 이렇게 구천을 떠돌고 있다. 나를 비롯해 우리 백제군의 시신을 양지 바른 곳에 묻어 준다면 마을의 전염병을 없애 주겠다." 하고는 백제의 장군은 자기들의 시신이 있는 곳을 알려 주었어요.
이튿날, 노인은 마을 사람들과 백제의 장군이 알려 준 곳을 찾아갔어요. 그곳에는 전쟁터에서 죽어 간 백제군의 수많은 뼈가 흩어져 있었지요. 마을 사람들이 그 뼈들을 양지 바른 곳에 묻어 주고 제사를 지내자 전염병이 사라졌대요. 이에 마을 사람들은 전염병을 사라지게 해 준 데 대해 고마워하며 별신굿을 시작하게 되었다고 해요.

별신굿

3교시

서로서로 도우며 생활했던 모습이에요

두레

두레는 마을 단위로 조직된 공동 노동 조직이에요.
농사일로 바쁠 때에 서로 힘을 모아 공동으로 일을 하던 모임으로, 특히 모내기 때부터 김매기가 끝날 때까지 공동 작업을 하기 위한 것이었지요.
두레의 이러한 상부상조 전통은 아름다운 미풍양속으로 자리 잡았어요.

품앗이

품앗이는 '일을 한다.'는 뜻의 '품'과 '교환한다.'는 뜻의 '앗이'가 합쳐진 말로, 노동력을 교환하여 돕는 공동 노동 조직이에요.
두레보다 규모가 작고 집안의 사사로운 일이나 단순한 작업에서 도움을 주고받았지요.

계

계는 일찍부터 마을 사람들 간의 경제적인 도움을 목적으로 하여 발전되어 왔어요.
'계회' 또는 '회'라고도 불리는데, 이는 사람들의 모임을 뜻해요.
오늘날에도 우리 주변에서 볼 수 있는 대표적인 계에는 '상조계'가 있답니다.

향약

향약은 권선징악(착한 일을 권장하고 악한 일을 벌함)과 상부상조를 바탕으로 하는 향촌의 자치 규약이에요.
이러한 향약은 마을 사람들 스스로 아름다운 미풍양속을 계승하고, 마을의 질서 유지와 상호 협력을 이끌어 내는 데 크게 이바지했어요.

미디어세상 - NIE

부담으로 변하는 경조사비

이웃의 경조사에 품앗이로 서로 돕는 풍습은 우리의 오랜 미풍양속 중에 하나이다.
지난날 직접 일손으로 거들어 주던 풍습이 지금 봉투(돈)를 전달하는 방식으로 바뀌었을 뿐이다.
하지만 이러한 경조사(경사스러운 일과 불행한 일)비 지출이 서민 가계에 적지 않은 부담으로 여겨지고 있다.
갈수록 경조사비 지출 규모가 늘어 가고 있기 때문이다.
이에 한 직장인은 "직장생활을 하다 보니 어쩔 수 없이 친분이 없는 사람에게도 축의금이나 조의금(남의 죽음을 슬퍼하는 뜻으로 내는 돈)을 내는 경우가 있다."면서 "체면 때문에 남들만큼은 해야 한다는 부담이 있다."고 말했다. 경향신문·서울신문 참조

서양의 경조사 문화

축하 손님이 많을수록 더 기쁘고, 조문객(남의 죽음에 대하여 슬퍼하는 뜻을 드러내어 상주를 위문하러 온 사람)이 많을수록 덜 슬프다고 믿는 우리나라 사람들과는 달리 외국 사람들은 아주 친밀한 사람만 초대해 간소하게 치른다.
일본의 경우 경조사에 친척, 친구, 회사 동료 등 모든 지인을 초청하는 대신 아주 친한 사람만 초대하여 참석자에게 답례품을 챙겨 주는 문화가 발달해 있다.
서양의 경우에는 결혼을 앞둔 신부의 친구들이 파티를 열어 신부가 필요로 하는 저렴한 물품을 사서 선물한다. 반면 장례식에서는 카드나 꽃을 주고, 필요한 경우 약간의 돈을 모아 전달하기도 한다.
최근 우리나라에서는 늘어 가는 경조사비 지출 부담으로 인해 서양과 같은 합리적인 경조사 문화가 자리 잡아야 한다는 목소리가 커지고 있다. 서울신문 참조

기쁘고 슬플 때 서로 돕고 살아온 풍습이 도리어 부담이 되고 있대요. 우리의 풍습을 계속 이어 나가는 동시에 합리적인 경조사 문화를 만들려면 어떻게 해야 할까요?

농촌에서 온 편지

반갑다, 친구야!

선미야, 반가워.
너랑 편지 주고받으며 많은 이야기를 나누고 싶었는데, 너희 집 주소를 적어 둔 쪽지를 잃어버렸지 뭐야.
안타까워하고 있었는데 이렇게 편지를 받게 되어 다행이다.
조상들의 정겨운 풍습에 대해 알고 싶다고?
그래, 알려 줄게. 대신 너도 서울 구경 시켜 주겠다는 약속 꼭 지키렴.
우리 조상들은 예부터 마을을 돌봐 주고, 농사가 잘 되게 해 준다고 믿는 여러 신들에게 제사를 올렸어.
제사를 통해 한 해 농사의 풍년과 마을 전체의 복을 기원했지.
그랬기 때문에 마을 제사에는 온 마을 사람들이 참여했단다.
그러면서 마을 사람들 간에 협동과 단결도 다졌지. 또 농사일을 할 때에도 서로 협력하게 되었어.
농사일은 일손을 많이 필요로 하는 힘든 노동이야. 요즘 젊은 사람들이 도시로 하나 둘 떠나면서 농촌은 일손이 더욱 부족해졌어. 그래서 서로 협력하지 않고는 농사일을 해낼 수 없게 되자, 마을 단위로 '두레'라는 조직을 만들어 네 일 내 일 구별 없이 서로 도왔지. 농사일에 두레가 유용하게 사용되었던 것과 마찬가지로 여러 마을 행사에 있어서는 품앗이가 큰 도움이 되었어.
주로 집안의 크고 작은 행사를 치르는 데 큰 힘이 되었지.
그 밖에 경제적인 도움을 주고받는 계도 서민들에게 도움이 되었고.
아직도 농촌에서는 이런 생활 풍습들을 볼 수 있어.
도시에서도 이러한 미풍양속을 이어 가기 위한 노력을 하고 있대.
어때? 도움이 좀 됐니?
그럼 다음 편지에서 또 만나자. 잘 지내.

여기가 볼까?

롯데월드민속박물관
서울시 송파구 잠실동 40-1

롯데월드 안에 있는 민속박물관에 가면 우리 조상들의 삶의 모습을 엿볼 수 있어요. 특히 조상들의 생활 모습을 축소하여 생생하게 재현해 놓은 모형촌에서 궁중 의례 장면을 비롯한 세시 풍속, 민간 신앙과 일상생활 모습을 살펴볼 수 있지요. 또한 3차원 입체 화면, 애니메이션 등을 통해서도 우리의 전통문화를 보다 재미있게 접할 수 있답니다.

이 밖에도 놀이마당에서 농악과 마당극, 탈춤 등의 신명 나는 우리나라 전통 놀이가 펼쳐지며 옛날 장터의 모습을 그대로 본떠 만든 저잣거리에서는 우리나라의 맛있는 전통 음식을 맛볼 수 있어요.

롯데월드민속박물관에서 잘 알지 못했던 우리의 전통문화를 보고 배우며 이것을 후손들에게 잘 전해 주기 위해서는 어떤 노력들이 필요한지 생각해 보는 것도 좋은 공부가 될 거예요.

우리 조상들의 생활 모습을 보고, 배울 수 있어요.

관람 안내
전화 (02)411-4761 | 홈페이지 http://www.lotteworld.com/Family_museum
관람 시간 평일 : 오전 9 : 30 - 오후 8 : 00 (입장 마감 시간 : 오후 7시, 연중무휴)

가는 길
지하철 2, 8호선 잠실역 3번 출구에서 도보로 5분 거리